# एक सौ सोलह चाँद की रातें

# एक सौ सोलह चाँद की रातें

विजय भदौरिया

MANJUL
मंजुल पब्लिशिंग हाउस

MANJUL

**मंजुल पब्लिशिंग हाउस**

*कॉरपोरेट एवं संपादकीय कार्यालय*

• द्वितीय तल, उषा प्रीत कॉम्प्लेक्स, 42 मालवीय नगर, भोपाल-462 003

*विक्रय एवं विपणन कार्यालय*

• सी-16, सेक्टर 3, नोएडा, उत्तर प्रदेश, 201301

वेबसाइट : www.manjulindia.com

*वितरण केन्द्र*

अहमदाबाद, बेंगलुरू, कोच्चि, कोलकाता, चेन्नई,
हैदराबाद, मुम्बई, नई दिल्ली, पुणे

*एक सौ सोलह चाँद की रातें*



यह संस्करण 2026 में मंजुल पब्लिशिंग हाउस प्राइवेट लिमिटेड द्वारा प्रकाशित

यह संस्करण 2026 में पहली बार प्रकाशित

**ISBN 978-93-7317-476-1**

मुद्रण व जिल्दसाज़ी : मणीपाल टेक्नोलॉजीज़ लिमिटेड, मणीपाल

शायरी अल्फ़ाज़ के ज़रिये जज़्बात, ख़यालात और तसव्वुरात को एक ख़ास आहंग में ढाल कर बयान करने का फ़न है, जहाँ हक़ीक़त को वज़्न और ख़याल की सूरत में पेश किया जाता है। इंसान ने जब से होश संभाला है शायरी उसके एहसास को बयान करने का अहम ज़रिया है। लेकिन दिल के नाज़ुक एहसास को बयान करना आसान नहीं होता है। बरसों की रियाज़त (तप्साया) के बाद शायर कहीं कोई एक दो शेर कहने में कामियाब होता है, जिसे अहले नज़र की सनद मिलती है और वह उसे अपनी पलकों पर सजा कर रखते हैं। शायरी दुनिया की हर ज़ुबान में होती है, शायरी की बहुत सी सिंफ़ (विधायें) है इस में सबसे मक़बूल सिंफ़ (विधा) ग़ज़ल है। मौजूदा दौर में ग़ज़ल सिर्फ उर्दू, हिंदी में ही नहीं बल्कि भारत की सभी भाषाओं के अलावा दुनिया की दूसरी भाषाओं में भी लिखी जाती हैं।

विजय भदौरिया को मैंने पुलिस की वर्दी में देखा है और व्हाट्सऐप पर कई ग़ज़लों की शब्दावली में पढ़ा है। जिस तरह किसी इंसान की मातृभाषा का भेद उसके अचानक बोल पड़ने की क्रिया में छुपा होता है इसी तरह एक शायर या कवि की अंतरात्मा उसकी लेखन शैली और उसकी शब्दावली में प्रकट होती है। विजय भदौरिया अपनी ग़ज़ल की शब्दावली में आशिक भी हैं, संत भी हैं, कलंदर भी हैं, ये किरदार किसी भी इंसान में इंसानियत के बग़ैर न तो पैदा होते हैं न परवान चढ़ते हैं। यही किरदार विजय भदौरिया के अंदर के शायर की ताक़त हैं जो उन्हें ग़ज़ल कहने पर मजबूर करते हैं।

**–शकील आज़मी**<br>
मुंबई

शायरी अल्फ़ाज़ के ज़रिये जज़्बात, ख़यालात और तसव्वुरात को एक ख़ास आहंग में ढाल कर बयान करने का फ़न है, जहाँ हक़ीक़त को वज़्न और ख़याल की सूरत में पेश किया जाता है। इंसान ने जब से होश संभाला है, शायरी उसके एहसास को बयान करने का अहम ज़रिया है। लेकिन दिल के नाज़ुक एहसास को बयान करना आसान नहीं होता है। बरसों की रियाज़त (तपस्या) के बाद शायर कहीं कोई एक-दो शेर कहने में कामियाब होता है, जिसे अहल-ए-नज़र की सनद मिलती है और वह उसे अपनी पलकों पर सजा कर रखते हैं। शायरी दुनिया की हर ज़ुबान में होती है, शायरी की बहुत सी सिन्फ़ें (विधायें) है इस में सबसे मक़बूल सिन्फ़ ग़ज़ल है। दुष्यंत कुमार, नीरज, डॉक्टर कुंवर बेचैन की ग़ज़लें पढ़ने के बाद जब विजय भदौरिया "विजय" की ग़ज़लों पर नज़र पड़ती है तो एक ख़ुशी का एहसास होता है।

विजय भदौरिया "विजय" की शायरी की ख़ास बात यह है कि उन्होंने महबूब के हुस्न को बयान करने के साथ-साथ ज़माने के मसाइल को भी शायरी की फ़न्नी ख़ूबियों के साथ बहुत ख़ूबसूरत अंदाज़ में पेश किया है। उन्हें ज़बान-ओ-बयान पर क़ुदरत हासिल है और वह शायरी के आदाब से वाक़िफ़ हैं। विजय की शायरी में हमें इंसानी दुख-दर्द का एहसास इसलिए नुमाया नज़र आता है, क्योंकि उनका त'अल्लुक़ पुलिस विभाग से है और वह वर्तमान में डीएसपी मुरैना के ओहदे पर अपने फ़राइज़ अंजाम दे रहे हैं। पुलिस विभाग में रहकर शायरी और ख़ूबसूरत शायरी को लिखना आसान नहीं होता है। मगर विजय भदौरिया (विजय) ने अपने फ़राइज़-ए-मनसबी के साथ यहां भी इंसाफ किया है।

कुछ शेर पेश ख़िदमत हैं :

यूँ मिरे अहसास में मौजूद है उसकी छुअन
रेत के सीपों में जैसे हो समंदर की रहन

इस तरह जीवन में मेरे आप आए हैं हुज़ूर
तीरगी में जैसे निकले कोई सूरज की किरन

या ख़ुदा, ये एक नेमत बख़्श दे मुझको
कोई ज़ख़्मी हो अगर, उसको क़रार दूँ

आजकल नाक़ाबिले-बर्दाश्त हूँ कुछ यूँ
बारिशों के बाद जैसे छतरियों का वज़्न

जश्न फ़ाक़ामस्ती का खुलकर मनाते हैं
हम क़लंदर लोग ये दुनिया चलाते हैं

जेब में पैसा कभी रखते नहीं हम लोग
आ गई दौलत तो हम उसको लुटाते हैं

इस तरह से कुछ मुझे मजबूर होना है
अब मुझे जाने ग़ज़ल से दूर होना है

यूँ सिमटती जा रही हैं चाहतें मेरी
रंग हूँ लेकिन मुझे सिन्दूर होना है

किस क़दर बेज़ार दुनिया से हुए हैं
अपने अंदर ही ठिकाना ढूँढ़ते हैं

विजय भदौरिया 'विजय' के इन अशआर को पढ़ने से अंदाज़ा होता है कि उन्होंने ज़िंदगी के नशेब-ओ-फ़राज़ को अलग अलग अंदाज़ में देखने की कोशिश की है। उनकी शायरी पढ़कर इंसान मायूस नहीं होता बल्कि ज़िंदगी जीने का हौसला पैदा होता और वह मंज़िल की तलाश में निरंतर प्रयासरत रहता है। मैं उनके ग़ज़ल-संग्रह (एक सौ सोलह चाँद की रातें) के प्रकाशन के लिए उन्हें मुबारकबाद पेश करता हूँ और मुझे उम्मीद है कि उनका यह ग़ज़ल संग्रह साहित्य की दुनिया में पसंद किया जायेगा।

**–मंज़र भोपाली**

'एक सौ सोलह चाँद की रातें' मेरी नज़र में - हमारे आस-पास बिखरी हुई ये क़ुदरत की कारीग़री, ये फ़ितरत की रंगारंगी, ये दिलकश क़ायनात का हुस्न, ज़मीन-आसमान सबकुछ कितना ख़ूबसूरत है। ये ख़ूबसूरत ज़मीन जिसे हम धरती माँ भी कहते हैं, हमें क्या कुछ नहीं देती। क़दमों के लिये रास्ता, मंज़िलों के लिए हौसले, भूख के लिए अनाज, प्यास के लिए पानी, और न जाने क्या-क्या? मगर कुछ लोगों ने इस ज़मीन के अंदर बारूदी सुरंगें बिछा दी हैं, और हमें हुक्म दिया है कि इन बारूदी सुरंगों को साफ करो। काम आसान नहीं, जोखिम भरा है! ख़तरा है! कठिन है! मुश्किल है! मगर ये जोखिम उठाना पड़ेगा। ये ख़तरा मोल लेना पड़ेगा। अंजाम की फ़िक्र किए बग़ैर इन बारूदी सुरंगों को फूलों की क्यारियों से बदल देने का ज़ोखिम, नफ़रतों को मुहब्बतों से बदल देने का ख़तरा और मुझे ख़ुशी है कि ये ज़ोखिम और ये ख़तरा बहुत हिम्मत के साथ उठा रहे हैं विजय भदौरिया जी। ग्वालियर से जिनका त'अल्लुक़ है मगर जिनकी कर्मभूमि इस वक़्त मुरैना है, सरकारी औहदे पर जो फ़ाइज़ हैं। विजय साहब का त'अल्लुक़ जैसा मैंने कहा ग्वालियर से है, वो ग्वालियर जो संस्कार राजधानी रही है और आज भी है। और यही संस्कार, यही तहज़ीब, यही मुहब्बत, अदब-आदाब यही विजय साहब की शायरी में हर जगह देखने को मिलते हैं। वो मुरैना जो कभी चंबल की वजह से जाना जाता था, आज विजय भदौरिया जी की ग़ज़ल की वजह से पहचाना जाता है। ये उनका कारनामा है, वो सरकारी मुलाज़िमात में डीएसपी के अहम औहदे पर हैं, लेकिन बहुत सादा मिज़ाज़ और अनोखे अलबेले लबोलहजे के शाइर हैं। उनके अनोखे और अलबेलेपन का सुबूत है, बल्कि जीता-जागता सुबूत है उनकी किताब का नाम - 'एक सौ सोलह चाँद की रातें'! ये किस क़दर ख़ूबसूरत है! जमालियाती अहसास की सच्ची और बोलती हुई तस्वीर है। उनकी नज़र जिंदगी और जिंदगी के बाद की जिंदगी पर भी बहुत गहरी है, फ़लसफ़ियाना है।

उनका ये शेर दिल को छू गया :

"यहाँ से परे इक जहाँ और है
क़ज़ा इसलिए भी क़ज़ा न लगी"

"यहाँ से परे" से जो पैराडाइज़ इटरनल लाइफ की तरफ़ इशारा मिलता है ये उनके ईमान की ताक़त और यक़ीन की मिसाल है। हमने उन्हें पढ़ा है, उनकी ग़ज़लों की यह किताब 'एक सौ सोलह चाँद की रातें' आप भी पढ़ें। मज़ा लें। और एक साहित्यिक शख़्स का हौसला बढ़ाएं, उन्हें दुआ दें। मैं उन्हें अपनी नेक ख़्वाहिशात पेश करता हूँ। और इस उम्मीद के साथ, 'एक सौ सोलह चाँद की रातें' आपकी ज़िंदगी में चाँद की तरह अपनी किरनें और अपनी रोशनी बिखेरें। इसे पढ़ने के बाद न सिर्फ़ इन्सान बल्कि इन्सानियत के अंधेरे को दूर करने में मददगार साबित हो।

**–अबरार काशिफ**

## ‘एक सौ सोलह चाँद की रातें’
## और विजय भदौरिया

शायरी  मनुष्य के भीतर के संवेदनशील हृदय की सबसे सच्ची अभिव्यक्ति होती है। वर्दी पहनने वाला व्यक्ति प्रायः कठोर अनुशासन, दृढ़ संकल्प और कानून व्यवस्था का प्रतीक माना जाता है, किंतु जब वही आत्मा अपनी अनुभूतियों को शब्दों में ढालती है, तो उसकी शायरी  समाज को एक अनोखा दृष्टिकोण प्रदान करती है।

‘एक सौ सोलह चाँद की रातें’ केवल शायरी का संग्रह नहीं है, बल्कि यह उन क्षणों का दस्तावेज़ है, जिनमें एक पुलिस अधिकारी के सीने में समाज की संवेदनाएं  सांस लेती हैं। यह संग्रह हमें यह विश्वास दिलाता है कि वर्दी के भीतर भी एक कोमल हृदय धड़कता है, जो प्रेम, पीड़ा, संघर्ष, उम्मीद और सौंदर्य–सब कुछ उतनी ही गहराई से महसूस करता है, जितना कोई संवेदनशील कवि या शायर।

इस पुस्तक की शायरी पाठक को चाँदनी की तरह आलोकित करती हैं, कभी उजाले में डुबो देती हैं तो कभी अंधेरों में रास्ता दिखाती हैं। यह संकलन पुलिस अधिकारी और शायर – दोनों की संवेदनाओं का संगम है।

मुझे विश्वास है कि यह ग़ज़ल-संग्रह पाठकों को न केवल सौंदर्य-बोध कराएगा, बल्कि जीवन और समाज को देखने का नया दृष्टिकोण भी देगा।

**–तनवीर ग़ाज़ी**

शायर, लेखक और फ़िल्मी गीतकार, मुंबई

शायरी ख़ुदा की देन होती है। वो जब किसी को देता है तो वो मीर बन जाता है, ग़ालिब बन जाता है, ज़ौक़ बन जाता है, जिगर बन जाता है, फ़िराक़ बन जाता है, जोश बन जाता है, दाग़ बन जाता है। ये उसकी देन है किसको क्या देता है।

विजय भदौरिया 'विजय' को भी उसकी देन है, उन्हें वर्षों से शौक़ और ज़ौक़ रहा है और वो अज़ीम उस्ताद शायर 'नसीम रिफ़अत ग्वालियरी' की सरपरस्ती में शायरी करते रहे हैं।

मजमुआ कलाम 'एक सौ सोलह चाँद की रातें' जिसके ख़ालिक विजय भदौरिया 'विजय' हैं, बहुत जल्द मंज़रे आम पर आ रहा है।

ये मजमुआ कलाम पढ़ने वालों और आज की अवाम को मशअले राह दिखायेगा। चंद अशआर पेशे ख़िदमत हैं :

सोचो ज़रा वो मंज़र कितना हो ख़ूबसूरत
जो ख़ुद ग़ज़ल हो उसको अपनी ग़ज़ल सुनाना

चुपचाप आ पड़ेगी इस रात मौत लेकिन
हमने तो शाम से ही बिस्तर धुला रखा है

उन्हें बुतनवाज़ी की थी आरज़ू
हमारी वफ़ाएँ मुसलमान थीं

दीवार का हो रंगना वो फूल फेंकना हो
छोटी शरारतों का अपना मज़ा रहा है

दरिया में जब मिला तो क़तरा समझ न पाया
वो नाम खो रहा है कि नाम पा रहा है

मजमुआ कलाम 'एक सौ सोलह चाँद की रातें' ज़हीन और अहले ज़ौक़ तक पहुँचेगा जिसको पढ़कर उनके इल्म में इज़ाफ़ा होगा।

हाँ इस बात का ज़िक्र मैं ज़रूर करना चाहूँगा कि 'विजय' से मेरा तआरुफ़ अभिषेक स्वामी जी के ज़रिये हुआ जो इन्दौर से एक बेहतरीन शायर हैं। स्वामी जी ने अपने अज़ीज़ दोस्त विजय के मजमुआ कलाम को मंज़रे आम तक लाने के लिए दिलो जाँ से जो मेहनत की है वो आज के दौर में दोस्ती की मिसाल है। मैं भी इसमें बराबर का शरीक़ रहा और न जाने कितनी रातें जागकर 'एक सौ सोलह चाँद की रातें' मजमुआ कलाम का मुताला किया; मुझे बेहद पसंद आया और उम्मीद करता हुँ कि ये मक़बूलियत की बुलंदी को छुए।

इस मजमुआ कलाम के लिए बहुत बहुत मुबारकबाद और दुआएँ...

**–अहमद निसार,**

इन्दौर

# एक सौ सोलह चाँद की रातें

## 1

मेरी ग़ज़लों में है शामिल सूफ़ियों का वज़्न
इल्म भी उनमें है और है मस्तियों का वज़्न

बोझ सारे छोड़ कर मैं आ गया हूँ अब
इस ज़हन में हैं बहुत सी ग़लतियों का वज़्न

आजकल नाक़ाबिले बर्दाश्त हूँ कुछ यूँ
बारिशों के बाद जैसे छतरियों का वज़्न

प्यार में इज़हार करने की ज़रूरत क्या
बादलों ने कब जताया बिजलियों का वज़्न

प्यार में सच्चाई थी क्या जान लेंगे आप
इक दफ़ा तो लीजिए इन चिट्ठियाँ का वज़्न

झूठ कितना भी कहें माँ बाप से हम तुम
सब समंदर जानते हैं मछलियों का वज़्न

## 2

सूरज ने ये हँसकर पूछा काली शोख़ घटाओं से
रंग चुराना चाहोगी तुम मेरी तेज़ शुआओं से

ये मत सोचो कि दीवाना वो ही एक अकेला है
बातें तो करते हैं आख़िर हम भी रोज़ हवाओं से

कल से है कुछ मायूसी भी वरना परसों तक यारो
कितना ख़ुश हो जाते थे हम उसकी चार अदाओं से

वो इक तारा घूमता फिरता क्या मालूम कहाँ होगा
हमको भी आकर बतलाये उतरे कोई ख़लाओं से

वो दिन भी क्या दिन थे जब हम नादानी की राहों में
नज़र बचाकर चलते थे उन क़ातिल शोख़ बलाओं से

हमको तो पत्थर से कोई तोड़ न पाया ये सच है
क्या बोलें हम कैसे टूटे उसकी नर्म सदाओं से

## 3

यूँ मिरे अहसास में मौजूद है उसकी छुअन
रेत के सीपों में जैसे हो समंदर की रहन

इक दफ़ा ही ज़िन्दगी में उनसे मिलना क्या हुआ
आज तक उस दिन से लेकर ये महकता है बदन

मैं हूँ इस चक्कर में उसको इक नज़र भर देख लूँ
और इस चक्कर में हैं ये बारहा जीवन मरन

इक दफ़ा तो देख ले कोई उसे रोते हुए
वो समझ जाएगा क्या है आग पानी का मिलन

इस तरह जीवन में मेरे आप आए हैं हुज़ूर
तीरगी में जैसे निकले कोई सूरज की किरन

## 4

न तुम थे तो नज़रें भी हैरान थीं
मुहब्बत की गलियाँ भी सुनसान थीं

उन्हें बुतनवाज़ी की थी आरज़ू
हमारी वफ़ाएँ मुसलमान थीं

सनम हाय क़ातिल वो बाहें तिरी
घड़ी दो घड़ी की ही मेहमान थीं

नज़र लग न जाए उन्हें इसलिए
हमारी निगाहें तो दरबान थीं

उन्हीं रास्तों पर मैं चलता रहा
वो राहें जो मुझसे ही अंजान थीं

ज़माना था दुश्मन अगर प्यार का
वफ़ाएँ हमारी भी सुल्तान थीं

मिरा हमसफ़र हमसफ़र बन गया
कहाँ मंज़िलें वरना आसान थीं

चलो फिर से उन वादियों में चलें
तुम्हारी हमारी जो पहचान थीं

## 5

बेरुख़ी का ख़ौफ़ अक्सर खाएगा
फिर ख़िज़ाँ का रोज़ मंज़र खाएगा

है शहर तक एक सीधा रास्ता
मान ले वरना तू चक्कर खाएगा

भूख रखता है ये जंगल भी अजब
एक अरसे बाद पत्थर खाएगा

बिन हमारे महफ़िलें होंगी नहीं
ये वहम भी हम को अक्सर खाएगा

फूट उठेंगे समंदर रेत में
जब पहाड़ों से तू टक्कर खाएगा

## 6

रहने का सलीक़ा मुझमें बचा नहीं
ऐसे रह रहा हूँ जैसे रहा नहीं

मैंने जो कहा वो उसने सुना नहीं
उसने जो सुना वो मैंने कहा नहीं

जीना बेसबब है बेकार भी है अब
धड़कन और दिल में जब राब्ता नहीं

मुझसे भी कभी कुछ पहचान थी मिरी
लेकिन अब मिरा ख़ुद से वास्ता नहीं

जिसने भी उठा ली दीवार हर तरफ़
उसके पास फिर कोई रास्ता नहीं

ऐसे वारिसों को सब हमने दे दिया
जिनका हम बुज़ुर्गों से राब्ता नहीं

## 7

जो कुछ बताया तुमने वो मान जाते हैं
वैसे बता दूँ सबकुछ हम जान जाते हैं

जैसे मिरे क़रीब से उठकर गया है तू
मैंने सुना है ऐसे अंजान जाते हैं

इन आँसुओं को बहने से कोई तो रोक दे
महँगे बहुत ये ग़म के सामान जाते हैं

हमसे न छुप सकेगा कितना ही छुप ले वो
ख़ुशबू से हम तो उसको पहचान जाते हैं

हम सूफ़ियों का क्या उन रस्तों से वास्ता
जिन रास्तों से शाह के फ़रमान जाते हैं

मालिक जो ख़ुद मिरे ही दिल और जां के थे
ऐसे गए वो जैसे मेहमान जाते हैं

## 8

प्यासे समन्दरों में ये दरिया पहुँच गया
उनके लबों पे इक मेरा बोसा पहुँच गया

अपनी निगाहों की चमक ज़ाहिर करें कैसे
मेरी रसाई तक मेरा साया पहुँच गया

तेवर बता रहे हैं ये अंदाज़-ओ-बयाँ के
क़ाबिलियत से कुछ उसे ज़्यादा पहुँच गया

मज़मून है अलग और लिफ़ाफ़ा है कुछ अलग
लो प्यार की सूरत लिए धोखा पहुँच गया

उसके लबों के रास्ते में रहज़नी के बाद
आँसू लुढ़क के आँख से आधा पहुँच गया

नादान भोला भाला है दिल का ये परिंदा
रंगीनियों के देस में सादा पहुँच गया

इस बात पे नाराज़गी है बादशाह की
कैसे वज़ीर के यहाँ प्यादा पहुँच गया

## 9

मुश्किल बहुत है सबसे उस फूल को छुपाना
ख़ुशबू बता रही हो जिसका पता ठिकाना

हर घर में हर गली में है बस यही फ़साना
वो है मिरी दीवानी उसका हूँ मैं दीवाना

तुम भी ए जान कब से ये सोचने लगी हो
समझेंगे लोग क्या ही कहता है क्या ज़माना

तुम हुस्न की हो मलिका तुम पर नज़र है सबकी
दुनिया की इस हवा से ख़ुद को ज़रा बचाना

सोचो ज़रा वो मंज़र कितना हो ख़ूबसूरत
जो ख़ुद ग़ज़ल हो उसको अपनी ग़ज़ल सुनाना

मेरा वही है रहबर मेरा वही है मुर्शिद
है इश्क़ नाम का जो उस्ताद इक पुराना

तरसे हैं देवता भी दर्शन को इक तुम्हारे
पाकर हुज़ूर तुमको पाया है वो ख़ज़ाना

## 10

ऐसा ख़्याल क्यूँ अब मुझको डरा रहा है
है इश्क़ नाम जिसका वो ज़ख़्म आ रहा है

मैंने उमर ये सारी काटी है एहतियातन
कुछ दिन से मन में लेकिन इक पाप आ रहा है

उसको पता ही क्या है नादान है वो साहब
दिल चालबाज़ियों में ख़ुद को फँसा रहा है

दीवार का हो रंगना वो फूल फेंकना हो
छोटी शरारतों का अपना मज़ा रहा है

सागर में जब मिला तो क़तरा समझ न पाया
वो नाम खो रहा है कि नाम पा रहा है

## 11

ये तन्हाई तेरी यादों का लश्कर रख देती है
देखो ग़म के सागर में लंगर रख देती है

मैं शाम ढले थक कर अपने घर आ जाता हूँ लेकिन
आंखे खुलते ही ये मज़बूरी दफ़्तर रख देती है

मुझको लगता है कि सब कुछ मेहनत से ही हासिल हो
लेकिन क़िस्मत मेहनत के आगे टक्कर रख देती है

हाल नहीं है बिस्तर से बीमार बदन के उठने का
और ग़रीबी अपने पाँवों में चक्कर रख देती है

माँ बाप की ये ख़्वाहिश है कि बच्चों को सब हासिल हो
लेकिन ये महँगाई चाहत पर पत्थर रख देती है

सब दामन फैलाने वाले लहजा रखते हैं मीठा
और ज़रूरत सबके लफ़्जों में शक्कर रख देती है

तुम भी सोचो मैं भी सोचूँ उस मज़बूरी के बाबत
क्यूँ इक औरत मर्दों के आगे बिस्तर रख देती है

सब फ़ुर्सत से ही सुनना मुझको जब सुनना हो मुझको
मेरी कहानी सबको ग़फ़लत में अक्सर रख देती है

## 12

बारिशों के बाद फिर बादल नहीं रहता
इसलिए उस आँख में काजल नहीं रहता

तुम छुपाना चाह भी लो छुप नहीं सकता
आँख से दरिया कभी ओझल नहीं रहता

आज ये दुनिया भरी है शहसवारों से
अब यहाँ पर एक भी पैदल नहीं रहता

एक पल में छोड़ जाएंगे सभी जंगल
सांपों से कह दो वहाँ संदल नहीं रहता

ढूँढ़ते हो तुम जिसे है लापता कब से
इस गली में अब तो वो पागल नहीं रहता

## 13

वक़्त सिलवट बनके चेहरे पर ठहरने लगा
ज़ायका अब उम्र का आँखों में उतरने लगा

चाय का कप क्या ये रिश्ते भी सरकने लगे
काँपते हाथों से सब कुछ ही बिखरने लगा

मैं समझता था उसे कि एक क़तरा है
शक्ल लेकर वो समंदर की उभरने लगा

मैं फ़क़त सिन्दूर ही था मांग का उसकी
और उसकी माँग से दिल में उतरने लगा

बाप के उन आंसुओं में बात तो कुछ थी
बच्चा जो बिगड़ा हुआ था वो सुधरने लगा

जिस वजह से काटनी थी क़ैद में ही उम्र
वो परिंदा उन परों को ही कतरने लगा

## 14

मुश्किलें हैं और ज़िम्मेदारियाँ हैं
सब तिरे ही बाद की दुश्वारियाँ हैं

जब तलक है सामने चेहरा तुम्हारा
तब तलक हैं फ़ुर्सतें, बेकारियाँ हैं

भूल जाता हूँ हमेशा रास्ता ही
शहर में तेरे बहुत अय्यारियाँ हैं

ये कभी हँसती हैं रोती हैं कभी
फागुनों की आँख में पिचकारियाँ हैं

ख़त छुपा लेती हैं उसकी सब किताबें
ख़ूबसूरत कितनी वो अलमारियाँ हैं

हो समंदर या हो साहब कोई दरिया
बादलों की ये सभी गुलकारियाँ हैं

## 15

कुछ इस तरह से ख़ुद ही का शिकार कर बैठा
जो बेवफ़ा थी उसी से प्यार कर बैठा

न दिल में है तमन्ना न आरज़ू कोई
ये दिल क्यूँ फिर उसी का इंतज़ार कर बैठा

ख़्वाहिशें बताके अपनी यार को मैं तो
बिना वजह ख़ुद ही को शर्मसार कर बैठा

ज़ुबान पर भी आई हैं ये राज़ की बातें
मुझे पता है क्यूँ मैं आर पार कर बैठा

शिकायतें सभी से हैं सिवा तिरे मुझको
न पूछ ख़ुद को मैं क्यूँ सोगवार कर बैठा

है इसमें कुछ भला तिरा ख़ुदा को है मालूम
मैं किस वजह से तुझको दरकिनार कर बैठा

## 16

ऐसे तुम्हारी याद से हम आ लिपटते हैं
आवाज़ दे कोई तुम्हें तो हम पलटते हैं

दुनिया अभी तू रुक हमें मोहलत ज़रा सी दे
पहले पहल इस आशिक़ी से हम निपटते हैं

मैं इसलिए ही भीड़ में छुपकर रहूँगा बस
मुझको अकेला देखकर कुछ ग़म झपटते हैं

हम आशिकों का कोई ठिकाना नहीं रहता
दिल से निकलते हैं कभी दिल में सिमटते हैं

बचता नहीं है हौसला रातें बदलने का
दिन में कलेंडरों की तरह से उलटते हैं

हम शायरों की ज़िन्दगी ऐसी है ज़िन्दगी
बस काग़ज़ो पे ही क़लम अपना घिसटते हैं

## 17

इक इल्तिज़ा है मेरी सुनिए जनाब से
चेहरा न छुप सकेगा कोई नक़ाब से

ऐ दिल संभल के रहना हुस्नो शबाब से
शीशा न टूट जाए कोई गुलाब से

दस्तूर मयकशी के कुछ भी रहें मगर
मैं तो शराब लूँगा अपने हिसाब से

उसने मिलन के वास्ते सोचा तो है ज़रूर
कुछ ख़्वाब आ रहे हैं हमको ख़राब से

ऐ दिल मिरे तू उसकी ये सादगी तो देख
मैंने पढ़ा है उसको दिल की किताब से

उसकी ये आरज़ू है मुट्ठी में चाँद हो
इस ज़िद पे क्या कहें हम छोटे नवाब से

## 18

मैं ख़ुद को आज से ही बर्बाद करता हूँ
जा, तुझको इसी वक़्त से आज़ाद करता हूँ

कल से तुझे भी दुनिया में शीरी कहेंगे लोग
मैं ख़ुद को आज से ही फ़रहाद करता हूँ

समझा है तूने जिसको इक क़ैद की तरह
उस प्यार की मैं हर पल फ़रियाद करता हूँ

जितना भी दर्द सहना था, सह लिया मैंने
मैं अपना दिल अभी से फ़ौलाद करता हूँ

तू है कि सबके दिल को नाशाद करती है
मैं हूँ कि सबके दिल को आबाद करता हूँ

इक अलसुबह के मीठे से ख़्वाब की तरह
तुमको मैं क्या कहूँ कि कैसे याद करता हूँ

## 19

दिल की सच्ची किताब में क्या करती
वो वफ़ा मेरे ख़्वाब में क्या करती

जाम ख़ुशियों के मिल गए हों जिसको
वो ग़मों की शराब में क्या करती

क्यूँ मैं रोता नसीब पर उल्फ़त में
बुज़दिली इंक़िलाब में क्या करती

उसके हिस्से में थी बेवफ़ाई सिर्फ़
वो वफ़ा के हिसाब में क्या करती

मैं पसीने में तर–बतर जो मिलता
फिर वो आब–ए– गुलाब में क्या करती

इसलिए भी शरारतें वाजिब थीं
वो अकेले ही ख़्वाब में क्या करती

जिस तरह रात पेश आई थी वो
उठके सुबह नक़ाब में क्या करती

## 20

इक मिरे अंदाज़ का वो काश ये जादू पिए
आ लगे कॉलर से मेरी और फिर ख़ुशबू पिए

खुश्क़ सहरा भी बनेगा आज दरिया इस तरह
आ बसे आँखों में मेरी और ये आँसू पिए

कोई आकर ले न जाए रंग सारे यूँ मेरे
जिस तरह सारी ज़ुबानों की महक उर्दू पिए

और क़ातिल हो गया वो अपने रंग ओ' रूप से
जिस तरह पाज़ेब की झंकार को घुँघरू पिए

इश्क़ के नश्शे से यारो दिल मेरा बेताब है
होश में आने को अब ये कौनसा नींबू पिए

जानकर हर ऐब तेरा चुप रहा हूँ आदतन
जिस तरह चुपचाप सारी वासना साधू पिए

## 21

तुमसे बिछड़ के आज भी लगता ज़रूर है
हो वो ज़रा-सा ही सही मेरा क़ुसूर है

क़िस्मत में है यही मिरे-चलते ही जाइए
मंज़िल का कुछ पता नहीं कितनी वो दूर है

उस बेवफ़ा ने मुझको सिखाई है शायरी
मुझको तो इसी बात पे थोड़ा ग़ुरूर है

दिन-रात उसके कूचे में जाता हूँ बार बार
मुझ पर जो छा गया है ये कैसा फ़ितूर है

जिसने डरा के रक्खा है ग़म की सियाह को
भीतर मिरे हमेशा चमकता वो नूर है

## 22

चाक दिल अपना बताने की ज़रूरत क्या मुझे
इस तरह ग़म को दिखाने की ज़रूरत क्या मुझे

कुछ दिनों बीमार थे फिर कुछ दिनों मुफ़लिस रहे
आपको ये सब बताने की ज़रूरत क्या मुझे

चाँद मेरी छत पे इक दिन ख़ुद-ब-ख़ुद आ जाएगा
रूठने या फिर मनाने की ज़रूरत क्या मुझे

वक़्त तहरीरें मिटा देगा दिलो-दीवार से
वो पुराने ख़त जलाने की ज़रूरत क्या मुझे

बेख़ुदी की लौ जली है आजकल मुझमें कहीं
होश में आने न आने की ज़रूरत क्या मुझे

## 23

हूँ इक मस्ती का बंजारा कि मेरा क्या ठिकाना है
ये रस्ते ही मिरी मंज़िल और होंटों पे तराना है

मिरी इक शर्त भी ये है कि मस्ती में बहे दरिया
मगर इन साहिलों पर भी मुझे इक घर बनाना है

उधर भी हो रही है आग उनके हाथ की मेंहदी
इधर भी देखिए अश्क़ों में डूबा इक दिवाना है

बड़ा मसरूफ़ है ये दिल कहाँ फ़ुर्सत दिवानों को
मुझे अब उसकी यादों में ये रात-दिन बिताना है

ग़मों की रात क्यूँ न हो बहुत लम्बी, मगर यारो
मिरे भीतर मुझे इक दिन नया सूरज उगाना है

## 24

जश्न-ए-फ़ाक़ामस्ती का भी मनाते हैं
हम कलंदर लोग ये दुनिया चलाते हैं

जेब में पैसा कभी रखते नहीं हम लोग
आ गई दौलत तो हम उसको लुटाते हैं

हम नज़र आते हैं सबको ख़ुश ज़माने में
बैठकर तन्हाई में आँसू बहाते हैं

वक़्त पर जो काम आए है वही सच्चा
जब ज़रूरत हो तो सब नज़रें चुराते हैं

जिंदगी लगती है हमको इक लतीफ़े-सी
बैठकर तन्हाई में ख़ुद को हँसाते हैं

## 25

मिरे वास्ते वो पराया न था
उसे जब तलक आज़माया न था

मुलाक़ात में कुछ था जादू भरा
मगर फिर भी मैं डगमगाया न था

तभी तक असर था दुआ में मिरी
किसी दिल को जब तक दुखाया न था

ज़रूर बात कोई तिरे दिल में है
ये चेहरा कभी कुम्हलाया न था

बहुत कोशिशें मैंने की थीं मगर
कभी मैंने तुमको भुलाया न था

मिरे दिल पे दस्तक हुई है अभी
ग़मों को तो मैंने बुलाया न था

## 26

अपनी भी हस्तियों को कोई उछाल देता
हम जैसे काग़ज़ों को पतंगों में ढाल देता

ये आरज़ू नहीं थी राहों में फूल होते
कोई तो पाँव से बस काँटा निकाल देता

मुझको गले से अपने वो जो अगर लगाता
बैठे-बिठाये सारे घर को बवाल देता

मासूम तो नहीं था ये जानता था वो भी
झूठे जवाब देकर मुझको सवाल देता

दुनिया को मैं नचाता इन अपनी अँगुलियों पर
ज़ाकिर हुसैन-सा जो मुझको वो ताल देता

ऐ काश मेरे वश में होता जो ये करिश्मा
दुनिया की नफ़रतों को चाहत में ढाल देता

## 27

मेरा रुपया खोटा है जो सबको खलता है
उसका तो दो आना भी रुपए में चलता है

मेरे पास नहीं टिकता है मेहनत का पैसा
उसको बेईमानी का पैसा भी फलता है

हर मसला हल हो जाता है पल भर में उसका
काम मिरा कितना भी वाजिब हो वो टलता है

उसको शायद ही छू पाता हो कोई दुख भी
और ज़माने भर का हर ग़म मुझमें पलता है

मेरे पास है सरमाया बस गीतों-ग़ज़लों का
धन दौलत वाला होकर वो मुझसे जलता है

## 28

इस तरह से कुछ मुझे मजबूर होना है
अब मुझे जाने ग़ज़ल से दूर होना है

अब सिमटती जा रही हैं चाहतें मेरी
रंग हूँ लेकिन मुझे सिंदूर होना है

बस मुझे बदनाम करना चाहता है वो
इस तरह से कुछ उसे मशहूर होना है

उसकी जानिब मैं पलटकर भी नहीं देखूँ
इक ज़रा-सा बस उसे मग़रूर होना है

ठीक है तबीयत मिरी मैं आजकल हूँ ख़ुश
इन ख़्यालों से मुझे भरपूर होना है

## 29

अपनी तरफ से उसने भी कोशिश नहीं रखी
फिर इक दफ़ा भी आँखों में बारिश नहीं रखी

आगे से आ मिलेगी हर चीज़ ही मुझे
मैंने कभी भी दिल में ये ख़्वाहिश नहीं रखी

वो और होंगे रखते हैं जो दोस्तो से बैर
हमने तो दुश्मनों से भी रंजिश नहीं रखी

वो बाँधते हैं सरहदें भी आसमानों की
लेकिन किसी परिंदे ने बन्दिश नहीं रखी

हर दांव क़िस्मतों से ही उल्टा पड़ा मेरा
उसने तो खेल में कभी साज़िश नहीं रखी

अब मुस्कुरा सकेंगे हम उनके ही दीन में
ये ख़ैर है इस बात पे नालिश नहीं रखी

इक बार क़ैद हो गया पत्थर के जिस्म में
उसने बदन में फिर कोई जुम्बिश नहीं रखी

## 30

आँखों की चौखटों पर आँसू कगार पर
ठहरा हुआ है कोई मेरी मज़ार पर

आसान है निकलना उस पार आजकल
दरिया है कुछ दिनों से अपना उतार पर

हमदर्दियों के आगे आँसू नहीं बहे
हर छाँव ले रही है सूरज उधार पर

बारिश मिरी अदावत भी बेवजह नहीं
कितनी दफ़ा जला हूँ पहली फुहार पर

तू रूठ तो गया है लेकिन ये जान ले
बस प्यार आ रहा है तेरे ग़ुबार पर

## 31

लोग ख़ुशियों का ख़ज़ाना ढूँढ़ते हैं
दरअसल यूँ क़ैदख़ाना ढूँढ़ते हैं

एक दूजे से चलो दिल भर गया है
दूर होने का बहाना ढूँढ़ते हैं

किस कदर बेज़ार दुनिया से हुए हैं
अपने अंदर ही ठिकाना ढूँढ़ते हैं

ठीक है खंज़र पुराना हो गया है
अब नया कोई निशाना ढूँढ़ते हैं

पल दो पल का है यहाँ अपना बसेरा
इसलिए दिल सूफ़ियाना ढूँढ़ते हैं

तर्जनी के छोर पर लिपटा दुपट्टा
हम वही नाज़ुक ज़माना ढूँढ़ते हैं

## 32

मुझे मीठे-मीठे से ख़्वाबों में रखना
महकते लबों के गुलाबों में रखना

नज़र लग न जाए तुम्हें माशाअल्लाह
हसीं हुस्न अपना हिज़ाबों में रखना

सभी लड़कियाँ सीख जाती हैं इक दिन
कि फूलों को अपनी किताबों में रखना

जो बर्बाद हो बस मुहब्बत में तेरी
मिरी जाँ उसे क़ामयाबों में रखना

हूँ शहज़ादा बिगड़ा हुआ इश्क़ का मैं
हमेशा मुझे अपने ख़्वाबों में रखना

मुझे सूफ़ियों ने कहा है कि प्यारे
मुहब्बत की खुद को शराबों में रखना

## 33

सच्ची बातों को क़लम में रखना
क्यूँ झूठी बातें क़सम में रखना

आपको हमसे कभी थी चाहत
आप हमको इस भरम में रखना

भूल भी जाता हूँ मैं तो लेकिन
आप सब वादे क़लम में रखना

ये तुम्हें किसने सिखाया है यार
ज़ख़्म देना और मरहम में रखना

जानकर भी जो बने हैं अनजान
उनको तू इस ही भरम में रखना

## 34

सिर्फ़ मैं ये इत्तिला करने आया था
सबसे अपने को विदा करने आया था

है सफ़र तेरा अंधेरों में आज से
ये ख़बर मैं इल्तिमा करने आया था

मेरे लब पर थे रहन तेरे कुछ बोसे
मैं वो सब क़र्ज़े अदा करने आया था

उल्फ़तों के नाम पर जो दिया था तुमने
मैं ज़हर वो इम्तिना करने आया था

वो पुराने ख़त सम्हाले रखते हो क्यूँ
ये शिकायत मैं जमा करने आया था

होंठ ये क्यूँ सूखते हैं तेरे आगे
मैं तो तेरा सामना करने आया था

## 35

वो शहर सच में बड़ा मशहूर था
जो हमारे वास्ते नासूर था

प्यार तो था वो महज़ अपने लिए
पर किसी के वास्ते दस्तूर था

सोचता है वो मुझे ही, बस मुझे
इस तरह भी मैं कभी मगरूर था

होश आया तब कहीं जाकर लगा
मैं वफ़ा के किस नशे में चूर था

बेवफ़ा मुझसे हुआ वो इसलिए
क्योंकि उससे कुछ दिनों मैं दूर था

छोड़कर वो झूट शायद सच कहे
वैसे तो वो झूट से भरपूर था

## 36

दूरियाँ रखने से पहले वो कोई शिकवा तो रखता
मुस्कुराते चेहरे पर फिर इक ज़रा ग़ुस्सा तो रखता

तोहमतें देता कि रोता या कि कहता कुछ कहीं भी
वो बिछड़ जाने के जैसा कोई भी लहजा तो रखता

मैं बिना देखे ही उसकी बेबसी पढ़ लूँगा यारो
वो लिफ़ाफ़े में मगर इक बिन-लिखा पुर्जा तो रखता

मैं ख़फ़ा होता भी उससे तो भला होता ही क्यूँकर
वो मुकरने वाला जैसा अपना इक वादा तो रखता

उसने ख़ुद को कर रखा है कैद-ये मालूम भी है
क़ैदख़ाने में मगर वो कोई दरवाज़ा तो रखता

हर कोई देता है दस्तक और खुल जाता है दर भी
कुछ नहीं तो कम से कम इस दिल पर इक पहरा तो रखता

ज़िन्दगी भर कोरे काग़ज़ की तरह चेहरा रखा था
इस ग़रज़ कि कोई होटों पर कभी बोसा तो रखता

## 37

बैचेनियों से हूँ दूर, तन्हा हूँ
तुम सोचते हो कि मैं भटकता हूँ

यूँ कोयले जैसा ख़ूब काला हूँ
मुझको तराशो तो, कोई हीरा हूँ

कालर बता देगी असलियत मेरी
चन्दन नहीं हूँ लेकिन महकता हूँ

मुझसे लिपटकर तुम भीग जाओ आज
मैं प्यार की इक बरसात जैसा हूँ

सब पटरियां भी ये जानती हैं कि
मैं ट्रेन स्टेशन से पकड़ता हूँ

मेरी घड़ी को भी ये पता है के
इक वक़्त है जब मैं धड़कता हूँ

जैसे कभी मैं था ही नहीं यारो
कुछ टूट कर ऐसा आज बिखरा हूँ

सब लौट आता है गोल दुनिया में
यह सोचकर मैं आराम करता हूँ

## 38

ये दिल टूटा है तो टूटा सा तो लगे
गर वो बिछड़ा है तो बिछड़ा-सा तो लगे

चेहरे की रंगत तो पहले जैसी ही है
धोका खाया है तो धोका-सा तो लगे

अंदर से कुछ और बाहर से क्यूँ है जुदा
जैसा मन से है वो फिर वैसा तो लगे

सच के धोके में रक्खा है उसने मुझे
इतना झूठा है तो झूठा-सा तो लगे

हम तो हर मौसम में जी लेंगे और वो
आख़िर पतझड़ है तो पतझड़-सा तो लगे

## 39

उनके ख़यालों ख़्वाब को कब से सुला रखा है
वो याद आ रहे हैं जिनको भुला रखा है

उनकी है अपनी मर्ज़ी-आएँ कि फिर न आएँ
मैंने तो वापसी का रास्ता खुला रखा है

तन्हाई हो तो क्यूँकर ढलते ही शाम यारो
यादों को उनकी मैंने घर पर बुला रखा है

ज़ाहिर नहीं करूँगा दिल की तमन्ना तुझ पे
दरवाज़ा हमने अपना हर पल खुला रखा है

चुपचाप आ पड़ेगी इस रात मौत लेकिन
अपना तो शाम से ही बिस्तर धुला रखा है

## 40

मुकद्दर ने तो पुकारा था मगर वो आगे नहीं बढ़ा
उसे मेहनत का जुनून था, कलंदर आगे नहीं बढ़ा

इसी ज़िद में रह गईं कई मुहब्बत वाली कहानियाँ
नदी भी पीछे नहीं मुड़ी, समंदर आगे नहीं बढ़ा

गली भी उसकी, दुकान उसकी, बिन सौदा भी खड़े रहे
बहुत कोशिश की जनाब, फिर भी चक्कर आगे नहीं बढ़ा

मिरी हिम्मत ही नहीं पड़ी कि कुछ कह दूँ उस हसीन को
ये उसकी तहज़ीब थी कि वो खुले सर आगे नहीं बढ़ा

किसी पेपर से ख़बर-ए-जंग मिलने के बाद गाँव में
हिना हाथों से उतर चली, महावर आगे नहीं बढ़ा

हमारी नालायक़ी सुबूत देती है इस मिसाल का
पिता के जाने के बाद गाँव का घर आगे नहीं बढ़ा

41

कोई ग़म के समंदर में छुपे तो क्या करें साहब
अगर कोई ख़ुशी में ख़ुश रहे तो क्या करें साहब

सभी मंज़र बहुत ही ख़ूबसूरत हैं फ़िज़ाओं में
कोई उन पर निगाहें न करे तो क्या करें साहब

है उनकी हर अदा झूठी-ये सब कुछ जानने के बाद
किसी को प्यार आ जाया करे तो क्या करें साहब

नई सारी किताबें शेल्फ़ में हमने जमा दी हैं
कहीं फिर भी पुराना ख़त मिले तो क्या करें साहब

ये हम भी मानते हैं कि बुरी लत है शराबों की
मिले हर रोज़ कोई यार तो फिर क्या करें साहब

## 42

ये रिश्ता बुझियेगा मेरी पहेली में
फिसला वो और सिहरन मेरी हथेली में

धोखा है, दिल-नवाज़ी भी, झूठ भी, सच भी
जादू बहुत छुपे हैं उस इक अकेली में

न जाने कौन-सी फ़ितरत है,करिश्मा है
रातों को ही असर आता है चमेली में

ज़ाहिर अगर हुए तो समझो क़यामत है
वे राज़ ख़ूब छुप जाते हैं सहेली में

बिजली मचलती हो जैसे बादलों के बीच
यूँ घूमना तेरा नंगे सर हवेली में

सुनकर बड़ों की आहट करने लगे पर्दा
तहज़ीब ऐसी हो घर की नई नवेली में

## 43

रिश्तों के रूप में हमें व्यापार ही मिले
हर आदमी में देखो बाज़ार ही मिले

मिल जाए वो अगर तो क़िस्मत की बात है
जाने ग़ज़ल का हमको दीदार ही मिले

हर हाल में रहेंगे ख़ुशहाल दोस्तों
नफ़रत मिले हमें या फिर प्यार ही मिले

जंगल भी छँट गए हैं पर्वत भी कट गए
अब आदमी को कोई घर-बार ही मिले

इल्म-ओ-हुनर नहीं है कोई भी आप में
हम आपसे मिले तो बेकार ही मिले

## 44

ज़िन्दगी को इस तरह से कुछ सँवार दूँ
मैं ग़मों को दूँ ख़ुशी नफ़रत को प्यार दूँ

देखने के बाद उसको दिल ने ये कहा
उम्र सारी एक चेहरे पर गुज़ार दूँ

या ख़ुदा ये एक नेमत बक्श़ दे मुझे
कोई ज़ख़्मी हो अगर उसको करार दूँ

जिनके कारण इश्क़ का आया हुनर मुझे
ग़लतियों को अपनी मैं कैसे सुधार दूँ

इससे ज़्यादा और क्या साबित करूँ वफ़ा
ख़ुद मैं अपने आपको तुझ पर ही वार दूँ

## 45

ये दिल अगरचे टूटा, फ़रियाद न करेंगे
अपने सिवा किसी को बरबाद न करेंगे

दिल बेशऊर-इस को है तौर न तरीक़ा
फिर भी तो अक़्ल को हम उस्ताद न करेंगे

दिल तोड़ने के लाखों इजाद हैं तरीक़े
ये जान के भी दिल को फ़ौलाद न करेंगे

तुम लोग वो कि दिल को आबाद न करोगे
हम लोग वो कि दिल को बरबाद न करेंगे

तुम लोग जानते हो नज़रों की गुफ़्तगू भी
हम लोग भी ज़ुबानी संवाद न करेंगे

## 46

ज़हन की कैद है गहरी, ख़ुदाया आ नहीं सकता
ख़ुदी के इन अँधेरों में उजाला आ नहीं सकता

महकता हूँ तिरे ग़म में मगन तेरी मुहब्बत में
किसी को भी मज़ा इससे ज़ियादा आ नहीं सकता

इरादा डगमगा जाए अगर छोटी सी ठोकर से
किसी ऐसे मुसाफ़िर का ठिकाना आ नहीं सकता

हमारा अक्स है झूठा, हमें जिसने दिखाया है
पराई आँख में अपना सरापा आ नहीं सकता

शजर तुम हो, तुम्हारी ख़ूबियाँ मालूम हैं लेकिन
तुम्हारी छाँव में बरगद का पौधा आ नहीं सकता

समझदारी इसी में है कि रहिए दूर उल्फ़त से
ये वो सागर कि डूबे तो किनारा आ नहीं सकता

## 47

मर ही जाऊँगा मगर सिमटे हुए न देखूँगा
मैं कभी भी इश्क़ को झुकते हुए न देखूँगा

मींच लेता हूँ मैं आँखें गुलशनों को देखकर
मैं किसी भी फूल को टूटे हुए न देखूँगा

कर लिया है फ़ैसला-अब ठीक हो कि या न हो
ज़िन्दगी की राह को उलझे हुए न देखूँगा

मैं समन्दर से रखूँगा दोस्ती-यारी यहाँ
बादलों तुमको कभी भरते हुए न देखूँगा

एक दिन वो भी मुक़र्रर है कि हर दिन की तरह
मैं भी अपने आप को मरते हुए न देखूँगा

## 48

मैं हूँ मस्त फ़क़ीरा मुझको क्या खोने क्या पाने का
जो कुछ भी हो काम मिरा है बस ख़ुद में रम जाने का

शौक़ ये तेरा जो है सारी दुनिया भर में छाने का
ये भी इक सीधा रस्ता है ख़ुद ही तो मर जाने का

इस दुनिया के नए-नवेले रिश्तों में हम लोगों को
कोई फ़र्क़ नज़र न आया कौडी-पैसे-आने का

ये जो तेरी धन-दौलत है, ओहदा, घोड़ा-गाड़ी है
जो भी कुछ है एक खिलौना है मन को बहलाने का

जितने सारे लोग मिले हैं अपने दर पर झुक करके
वो भी हर फ़न रखते हैं हम जैसों को भरमाने का

हम इक उसका ध्यान करें और ख़ुद को ख़ुद में ही खोजें
वरना फिर मतलब ही क्या है इस दुनिया में आने का

## 49

आए दिन टूटता है तेरे धोखे से तो क्या
दिल की आदत है पुरानी और रोने से तो क्या

अपने पैरों पर चलेगा भूलकर ये हादसा
एक बच्चा गिर पड़ा है आज झूले से तो क्या

फ़ायदे ही फ़ायदे पर कब तलक रक्खें नज़र
गर कोई नुकसान होगा एक सौदे से तो क्या

पेंट की जेबों के नोटों की तरह हैं अश्क़ भी
खर्च होने तय हैं सारे-इन पर रोने से तो क्या

हाँ उतर जाती है अक्सर चैन साईकिल की मिरी
अब तेरा घर सामने है इस बहाने से तो क्या

तेरी आँखों की तरह अय्यारियाँ हैं हर जगह
इक शहर में हम भटक भी जाएँ भूले से तो क्या

आँख अपना काम ले और जिस्म अपना काम ले
किसका कितना काम होगा ये गिनाने से तो क्या

हम ज़रूरत मंद भी हैं और इज्ज़तदार भी
यूँ उजालों में हमें ख़ैरात देने से तो क्या

आसमानों से क़हर बरपा हुआ है आजकल
इश्क़ में या जंग में लड़ने-लड़ाने से तो क्या

## 50

बुलबुल-पपीहों की मधुर आवाज़ खा जाए
सब महफ़िलों की रौनकों को साज़ खा जाए

बरसात है इन बादलों को धूप का तोहफ़ा
फिर बादलों को धूप का ही नाज़ खा जाए

ऐ घोंसले परवाह न कर यूँ परिंदो की
ये फ़िक्र तेरी, उनकी न परवाज़ खा जाए

सब बारिशों के बाद भी छलकी न ये आँखें
गहरा समन्दर हर नदी के राज़ खा जाए

मशहूर हैं मेरे ठहाके महफ़िलों में ख़ूब
फिर आँख का पानी मिरा अंदाज़ खा जाए

## 51

ज़िक्र उसका सुनके मुझको बेक़रारी तो लगे
क्या करूँ है बेवफ़ा वो-फिर भी प्यारी तो लगे

नफ़रतों के भी मुझे ये सिलसिले मंज़ूर हैं
प्यार ज़ारी न लगे, पर जंग जारी तो लगे

मुद्दतों के बाद देखा है तुझे मैं क्या करूँ
सर्दियों के बाद मुझको धूप प्यारी तो लगे

सुर्ख़ आँखों को शराबों का सहारा दीजिए
ग़म छुपाती हैं, मगर इनमें ख़ुमारी तो लगे

अदरकों का स्वाद आए जिस तरह से चाय में
अपने किस्सों में भी इतनी इश्क़तारी तो लगे

ये गुज़ारिश है-गले लगकर मुझे कर अलविदा
कम-से-कम सब देखने वालों को यारी तो लगे

## 52

सबका अपना अपना रोना चलता है
और हमें ये सबका ढोना चलता है

कुछ आता है और कुछ जाता है प्यारे
इस दुनिया में पाना-खोना चलता है

जाने वाला लौट के आएगा कैसे
ये बेकार में रोना-धोना चलता है

बात कोई तो ग़म में प्यारी है ऐसी
हर इक दिल में ग़म का बोना चलता है

जो जाग उठा है बस वो है मुश्किल में
तुम तो ठीक हो-तुमको सोना चलता है

## 53

ख़ामोश रहकर तू ज़िन्दगी से कुछ इस तरह से निकल रही है
कि जैसे मुट्ठी से रेत चुपचाप धीरे-धीरे फिसल रही है

ये टूट कर क्यूँ बिखर न जाए-तुझे क्या मतलब है मेरे दिल से
किसी की बाँहों में उस शहर में तुम्हारी दुनिया सँभल रही है

बिना तुम्हारे भी मुझको इतना बेरंग लगता है ये ज़माना
तुम्हारे हाथों से जैसे मेंहदी बिना रचे ही निकल रही है

वजूद तेरा रहेगा हरदम क़रीब मेरे हर इक जनम में
कि मोम धागे के पास जैसे यूँ हौले-हौले पिघल रही है

किया करें-तो करें भी किससे ये अपने अश्कों की हम शिकायत
यहाँ ख़ुदा की हरेक सीपी तमाम गौहर उगल रही है

ये सोचते हैं मनाएँ कैसे उसे-वो लड़की हुई है पागल
बस एक टूटे हुए खिलौने के वास्ते जो मचल रही है

## 54

हँसते-रोते सब तरह से मैंने देखा है
मेरा ये दिल तो बिल्कुल बच्चों के जैसा है

मैं तो अपने दिल की बात बता ही दूंगा ख़ैर
तूने मेरे बारे में भी क्या-क्या सोचा है

कितनी देर से तेरी राहें देख रहा हूँ मैं
तू क्या जाने वक़्त हमारा कैसे गुज़रा है

कभी हाँ करता है मिलने को और कभी वो न
उसके दिल ने भी न जाने कैसा सोचा है

टुकड़े-टुकड़े होकर कैसे बिखरा है ये दिल
कितनी बेरहमी से सबने इसको तोड़ा है

## 55

देखिये इस दिल में भी क्या-क्या अजीब हो
धड़कनें बढ़ जाती हैं जब तू क़रीब हो

ये मुहब्बत का सिला तूने दिया है-काश
बेवफ़ा हासिल तुझे भी ये सलीब हो

आपसे ही क़त्ल होना दिल मेरा चाहे
फिर किसे हासिल हसीं ऐसा रक़ीब हो

बंद आँखों में दिखे महबूब का चेहरा
हर किसी आशिक़ का भी मुझ-सा नसीब हो

आसमाँ है छत-ज़मीं जिसका ग़लीचा है
इस से ज़्यादा और क्या ही वो ग़रीब हो

जो क़लम रख दे तेरे चर्चे के आते ही
कोई ऐसा दिल का मारा भी अदीब हो

## 56

मुझपे उसका ही छाया शबाब है
आजकल एक लड़की गुलाब है

जानकर आप हैरान होंगे ये
वो कई आशिक़ों का ख़िताब है

वो हमारे लिए ही सवाल थी
अब किसी के लिए लाज़वाब है

मुश्किलों से भरी ज़िन्दगी है ये
और वो मुश्किलों में अज़ाब है

चाहता हूँ कि पीता रहूँ उसे
उसकी आंखों में ऐसी शराब है

## 57

तुम ही दिखाई देते हो इन सब नज़ारों में
गुलशन में तुम सूरज में तुम-हो तुम सितारों में

वो चाय वाला पूछता है आजकल मुझसे
दिखती नहीं दो उँगलियाँ तेरे इशारों में

माना कि ज़िम्मेदारियाँ सर पर हज़ारों हैं
शामिल रहे कुछ इश्क़ भी इन रहगुज़ारों में

पहले तो तुमने देखकर ज़ाहिर किया था प्यार
अब रख लिया है आपने क़िस्मत के मारों में

अब शाम की सरगोशियाँ हैं ऐ मिरे यारो
कर लीजिए शामिल मुझे भी यार-यारो में

क़िस्मत, वफ़ा, धोखा, मुहब्बत, बेवफ़ाई, झूट
सब कुछ नज़र आ जाएगा दिल की दरारों में

धंधे कई चौपट हुए हैं कोर्ट मैरिज से
बेरोज़गारी छा गई है सब कहारों में

## 58

काम हम क्यूँ न अब ये कर जाएँ
यूँ ही बैठे-बिठाये मर जाएँ

हमने माना कि बेवफ़ा है वो
फिर दुबारा उसी के घर जाएँ

पूछता ही नहीं तू हाल-ए-दिल
अब बता दे-जियें या मर जाएँ

आप दिल से उतर गए हैं तो
मेरी आँखों से भी उतर जाएँ

हम पे पड़ जाएँ उनकी नज़रें तो
हम से बरबाद भी सुधर जाएँ

देखकर उनको सूझ पड़ती नहीं
हम इधर जाएँ कि उधर जाएँ

काश! वो देख ले ज़रा मुझको
मेरे जनमो-जनम संवर जाएँ

## 59

अश्क़ जो ख़ामोश ठहरे थे-बहाए क्यूँ गए
जब बसेरा चाहिए था तब निकाले क्यूँ गए

एक बँटवारे से तन्हा रह गया है आफ़ताब
चाँद के आग़ोश में ही सब सितारे क्यूँ गए

तय तो था कि काँच से पत्थर न टूटेगा कभी
बर्ग-ए-मेहँदी हाथ की रेखा मिटाते क्यूँ गए

स्याह सी इक रात को बारात आकर ले गई
तीरगी के साथ मेरे सब उजाले क्यूँ गए

ज़िन्दगी भर तो उजड़ते ही कटी अपनी मगर
चार कांधों पे चले हम-तब सँवारे क्यूँ गए

उन दरो-दीवार में थी दफ़्न सब ख़ामोशियाँ
टूटने के बाद घर से हम पुकारे क्यूँ गए

## 60

बात उनसे दिल की कहनी भी नहीं थी
बिन कहे लेकिन वो रहनी भी नहीं थी

आपको हमने कभी क़ैदी न माना
आपने जंज़ीर पहनी भी नहीं थी

इन दीवारों में टिकेंगी सिर्फ़ यादें
आपकी तस्वीर रहनी भी नहीं थी

आँख की नाराज़गी अपनी जगह है
दिल की नद्दी यूँ तो बहनी भी नहीं थी

छत तो क़ायम है मिरे घर की ये लेकिन
इस तरह दीवार ढहनी भी नहीं थी

किस जगह फिर घोंसला रखता परिंदा
उस शज़र के पास टहनी भी नहीं थी

## 61

दिल का सौदा न किया तो तीर मारा
उसने बस कहकर यही दिलगीर मारा

शायराना आपकी आँखें ये कहती हैं
आपने ग़ालिब से पहले मीर मारा

आते-आते आँखों से दिल के सफ़र में ही
रास्तों ने ही कहीं रहगीर मारा

तुमको चाहा और तुमपे ही नहीं ज़ाहिर
क्या कोई होगा भी यूँ तक़दीर मारा

यूं तो था फ़रहाद अपनी मस्तियों में गुम
फिर अचानक उसने पर्वत चीर मारा

## 62

इश्क़ में इस बात पर हैरानगी होती नहीं
आख़िरी मिलने की कोशिश आख़िरी होती नहीं

क़ैद थे हम हुस्न के उस ख़ूबसूरत जाल में
ख़ैर अब दिल में वही आवारगी होती नहीं

हर दफ़ा हर चीज़ हासिल हो न पायी-ठीक है
जिस्म पाकर भी दिलों में ताज़गी होती नहीं

राज़ को इक राज़ रखने का सलीक़ा है मगर
यार, ये तो ख़ुदकुशी है-ख़ुदकुशी होती नहीं

हर सुबह ये जागते ही आ रहे दिल में ख़याल
रात को ऐ काश हमने ख़ूब पी होती नहीं

क़ायदे से शे'र कहना है बहुत मुश्किल हुनर
चार बहरें सीखने से शायरी होती नहीं

## 63

हम किसी की याद में शामिल रहें भी क्यूँ
जो भुला दे फिर उसे हासिल रहें भी क्यूँ

प्यार की सारी हक़ीक़त जान ही ली जब
फिर किसी के प्यार के क़ाबिल रहें भी क्यूँ

बेवफ़ाओं के इरादे जानकर भी हम
देखकर उनकी हँसी, ग़ाफ़िल रहें भी क्यूँ

ढाई आखर प्रेम का जो पढ़ नहीं सकता
हम उसी के सामने फ़ाज़िल रहें भी क्यूँ

हम बिखर कर अपनी हस्ती में समाते हैं
प्यार में टूटे हुए कामिल रहें भी क्यूँ

सच कि मेहबूबा मिरी है ख़ूबसूरत यार
इसलिए हम झूट के क़ाबिल रहें भी क्यूँ

## 64

घाव दिल के यूँ दिखाए नहीं जाते
ये किस्से सबको सुनाए नहीं जाते

इस ज़माने की ये सब दौलतों से तो
यारी के रिश्ते कमाए नहीं जाते

चाहे सबकुछ आप खो दें मगर साहब
कंचे बचपन के गँवाए नहीं जाते

उनको मेरी याद हो कि न हो लेकिन
वो कभी हमसे भुलाए नहीं जाते

नेकी कर दरिया में सब डाल देता हूँ
मुझसे ये अहसान गिनाए नहीं जाते

जान देकर भी निभाते हैं जो वादा
लोग शायद अब वो पाए नहीं जाते

## 65

ये जादू इक प्यारा-सा अक्सर हो जाता है
माँ के सीने लगूँ तो जन्नत घर हो जाता है

दीवारें भी करने लगती हैं ढेरों बातें
अपना सूना घर भी जादूगर हो जाता है

दहलीज़ों से बच्चों का है ऐसा रिश्ता कुछ
उनके जाते से ही सूना दर हो जाता है

ऐसा भी क्या है बाज़ारों में कि हर कोई
बस आते-जाते ही सौदागर हो जाता है

भारी बोझे जैसा लगता है बाहर लेकिन
घर में आते से ही दुख फुटकर हो जाता है

कोई तो जादू है इन आँखों के सहरा में
उनसे आँख मिलाते ही सागर हो जाता है

## 66

आए हो समझाने क्या
समझेंगे दीवाने क्या

चाँदनी रातों के साथी
आप हमें पहचाने क्या

जब-जब उनसे नज़र मिली
छलके हैं पैमाने क्या

उनका पेशा मस्ती है
और करें मस्ताने क्या

ठण्डी आहें आती हैं
बैठे हैं दीवाने क्या

ज़ुदा हुआ मैं ख़ुद से ही
आप हुए बेग़ाने क्या

## 67

ये सुन लो-हम उन शरीफ़ों को तो कभी गवारा नहीं करेंगे
कि आगे बढ़ कर जो दिलकशों को जरा इशारा नहीं करेंगे

हमें पता है कि आग कैसे भड़क उठेगी तन-ओ बदन में
दबी हुई है जो आग-उसको कभी शरारा नहीं करेंगे

न आप आएँ तो हमको ऐसी नहीं है कोई बेक़रारी
कभी भी वैसे ए जानेमन हम तन्हा गुज़ारा नहीं करेंगे

ये मान लो कि उतर गया है हमारी नज़रों से इक दफ़ा जो
हुआ करे फिर कहीं वो कुछ भी-उसे पुकारा नहीं करेंगे

ये कह रहा हूँ ज़माने भर से-समझ सको तो समझ ही लेना
हमें क़सम है सुनो-मुहब्बत कभी दुबारा नहीं करेंगे

मैं ऐसे लोगों को जानता हूँ-किसी भी हालात में हमेशा
वो टूट जाएँ या मिट ही जाएँ-मगर किनारा नहीं करेंगे

## 68

देखते हैं ये नए अंदाज़ कुछ
इसके पीछे होंगे शायद राज़ कुछ

बारिशें आँखों की कहती हैं उसे
तेरे रोने का भी है अंदाज़ कुछ

इक दफ़ा साहब कभी सुन लो ज़रा
दे रहा है दिल भी ये आवाज़ कुछ

कोई अनहद धुन सुनाता सा कहीं
आपने शायद सुना हो साज़ कुछ

आ गया है कान तक बच्चा मिरे
देख कर आने लगा है नाज़ कुछ

## 69

ये ज़िन्दगी हमें यूँ तमाम जीनी है
इक प्याले में बहुत-सी शराब पीनी है

मैं तोड़ता भी क्यूँ चाँद और तारों को
साहब ये जो इश्क़ है मिरा ज़मीनी है

इज़्ज़त बचाएगा इक फटा हुआ पर्दा
दुनिया की क्या कहें-ये तमाशबीनी है

उनसे कहो कि झाँके वो ख़ुद के भीतर भी
कहते हैं जो कि दुनिया बड़ी कमीनी है

कितना भी दर्द से तड़पूँ या कराहूँ मैं
उनकी नज़र में हर चोट बेयक़ीनी है

इस दाल और रोटी के फेर में यारो
सपने उजड़ गए और नींद झीनी है

(70)

होते-होते अब और बुरा हो गया
इस तरह मैं दुनिया वाला हो गया

मेरे साथ में है मेरा किरदार भी
मेरा क़द ही मेरा साया हो गया

लोगों से झूटा अभिनय करते हुए
मैं जैसा ज़ाहिर था वैसा हो गया

अपना होना जाने कब की बात है
अब तो सब कुछ तेरा-मेरा हो गया

देख के तेरे हुस्न-ओ-मुजस्सम को यारो
मदहोशी में आलम सारा हो गया

## 71

है मुहब्बत का तुझे अब वास्ता, कह दे
वो अगर है बेवफ़ा तो बेवफ़ा कह दे

मैं खड़ा हूँ हार कर दोनों जहाँ अपने
कम से कम अब तू मुझे ख़ुद से जुदा कह दे

मान लूँगा कि तुझे मुझसे मुहब्बत थी
कोई तो इस बात को तेरे सिवा कह दे

सब लकीरें हो गईं ग़ायब हिना के बाद
इस शहर से अब मुझे तू गुमशुदा कह दे

हाँ! मुहब्बत के अलावा बरहना दिल है
तू इसे अच्छा कहे कि फिर बुरा कह दे

बात तेरी मान लूँगा जब कभी ये हो
रात अपने आप को दिन से जुदा कह दे

मर न जाऊँ चीर कर अपना जिगर यारो
कौन पहले प्यार को यूँ अलविदा कह दे

आजकल हर आदमी की एक ही ज़िद है
कोई कैसे ही सही मुझको बड़ा कह दे

## 72

होशियारी का हुनर बोया नहीं
बोझ मैंने ये कभी ढोया नहीं

बेख़ुदी उसकी थी इतनी बेरहम
वो बिछड़ कर भी कभी रोया नहीं

ख़्वाब मुझको जब डराने से लगे
जाने कितनी रात मैं सोया नहीं

पेड़ दुख का बढ़ रहा है रोज़ ही
तुम ही कह दो कि इसे बोया नहीं

सब गँवाया जो भी मेरे पास था
इश्क़ लेकिन आज तक खोया नहीं

## 73

बाग़ में सुन्दर-सी अब कलियाँ नहीं मिलतीं
आजकल बारिश की वो झड़ियाँ नहीं मिलतीं

हाँ अचानक आ मिलें तो ख़ुशनसीबी है
ढूँढ़ने से तो कभी ख़ुशियाँ नहीं मिलतीं

एक जादू खो गया जबसे गया बचपन
नींद आती हैं मगर परियाँ नहीं मिलतीं

हर तरफ़ फैला हुआ कैसा ज़हर है ये
अब फ़ज़ा में पहले सी चिड़ियाँ नहीं मिलतीं

इसलिए तेरे नगर में हम भटकते हैं
ख़ूबसूरत सी कहीं गलियाँ नहीं मिलतीं

## 74

ज़िन्दगी है तो यहाँ ख़तरा भी है
बाद इसके इक मगर रस्ता भी है

बेतहाशा खुलके जो हँसता रहा
वो अकेले में कभी रोया भी है

कोई दरिया की तलाशी ले ज़रा
देखना ग़ायब कोई क़तरा भी है

जो परिंदा क़ैद में बैठा है वो
दूर तक आकाश में उड़ता भी है

ज़िन्दगी के हर ज़हर की काट है
कोई वरना इस तरह पीता भी है

## 75

ज़िन्दगी का ये नया ढंग है
हर क़दम पर आतिशी रंग है

जिस जगह लौ थरथराती नहीं
ये समझिए कि हवा तंग है

आस्तीनों से समझ आएगा
साँप बनकर वो मिरे संग है

आज तक जो कुछ हुआ, सो हुआ
इस दफ़ा तो रंग में भंग है

जब नज़र आ जाएँ ख़ामोशियाँ
जान लो कि पास ही जंग है

लिख रहा हूँ जिस तरह आजकल
शे'र सुनकर हर कोई दंग है

## 76

इक ज़रा-सी दीद की ख़्वाहिश नहीं पूरी हुई
क़ैद है बेचैनियों में इक कली महकी हुई

फिर गली के सारे लड़के भी किताबें थाम लें
छत पे दिख जाए अगर लड़की कोई पढ़ती हुई

आ गई मुझको अचानक याद तेरी ज़ोरों से
आज देखी फूल से तितली कोई लिपटी हुई

मुश्किलों में उस समय जब तू गया था छोड़कर
आज भी वैसी है मेरी ज़िंदगी उलझी हुई

हैरतें ज़ाहिर करोगे कल मिरे मफ़रूज़ पर
हर सरापा नाप लेगी ये नज़र बढ़ती हुई

## 77

अपने आप को भला लगने लगूँ
जो मैं आपको बुरा लगने लगूँ

तुमसे दूर तो नहीं हो पाऊंगा
अपने ही क़रीब सा लगने लगूँ

ऐसे तो तुझे मनाना है कठिन
मैं तुझसे ज़रा ख़फ़ा लगने लगूँ

मैं नुक़सान ही रहा तेरे लिए
ऐसा क्या करूँ, नफ़ा लगने लगूँ

मैं इनाम तो नहीं था प्यार का
तुझको प्यार की ख़ता लगने लगूँ

किसका फ़ोन था, किसे हैलो कहा
इस दरयाफ़्त की सज़ा लगने लगूँ

78

उसको पाया है किसी भी रास्ते से नहीं
वो अचानक मिल गया है ढूँढ़ने से नहीं

ज़ख़्म ही देना है जब तो ढंग से दीजिए
जान से ही जाएँगे हम ज़ायके से नहीं

उसको हासिल करने में नुक़सान होता रहा
हमने उसको पाया भी तो फ़ायदे से नहीं

उसने शरमाते हुए मुझसे कहा कि सुनो
तुमसे है नाराज़गी पर तोहफ़े से नहीं

आबरू उसने रखी है कम से कम इस तरह
उसने धोका तो दिया है सामने से नहीं

बात शायद ये समझ में उसको आई हो
प्यार से मिलते हैं हम बस माँगने से नहीं

## 79

ये माना कि पीना बुरा भी नहीं
पियो भी मगर इस तरह भी नहीं

हुआ ज़िक्र उसका नशा चढ़ गया
अभी जाम मैंने पिया भी नहीं

न कोई ख़ुशी है न ग़म है मुझे
मगर मैक़शी बेवजह भी नहीं

पियेंगे न हम नापकर तौलकर
कि पीने का ये क़ायदा भी नहीं

कहाँ मैक़शों को ठिकाना मिले
दिलों में मयस्सर जगह भी नहीं

अजब मांग पर दिल अड़ा है कि उफ़
इसे चाहिए क्या, पता भी नहीं

## 80

कहीं किसी जगह उसे पनाह भी नहीं रहे
मगर ख़ुदा वो इस तरह तबाह भी नहीं रहे

सुना है प्यार की बड़ी अजीब शर्त है यहाँ
कि चोट भी बनी रहे, कराह भी नहीं रहे

रहे करीब गर मिरे किसी बदन की रोशनी
तो रात रोज़ की तरह सियाह भी नहीं रहे

समय निकाल कर ख़ुद ही ज़मीर को टटोलिए
पता नहीं कि कब कोई गवाह भी नहीं रहे

सराए के मुसाफ़िरों शिकायतें न कीजिए
पता नहीं कि सुब्ह तक पनाह भी नहीं रहे

कभी ये काश हो सके तो आदमी रहे सुखी
ज़रूरतें बनीं रहें और चाह भी नहीं रहे

## 81

बुरा न मान जाए तू इसीलिए कहा नहीं
मगर ए दोस्त सच है ये वफ़ा तिरी वफ़ा नहीं

लहूलुहान लफ़्ज़ हैं भटकती हैं सदाएँ भी
तिरे दरो दीवार ने कभी मुझे सुना नहीं

तमाम ठोकरों के बाद हो गया मुझे यक़ीन
फ़रेब थी तिरी अदा थी उसमें कुछ वफ़ा नहीं

तमाम दौलतें तुम्हें मुबारकें रहें मगर
हिसाब ख़ुद ही रख लो अब बचा है क्या और क्या नहीं

तमाम रास्ते मुझे भी इख़्तियार हैं मगर
मुज़ाहिरा-ए-इंतिक़ाम तो मेरी अदा नहीं

सुनी थी मैंने ये ख़बर हुआ है आब क़ीमती
ये सच भी हो अगर तुम्हारी आँख से बहा नहीं

## 82

बैचैन जब बहुत था तो शाद था ज़ियादा
उन मुश्किलों में ये दिल आबाद था ज़ियादा

उलझन यही रही है पाऊँ उसे कि छोड़ूँ
दुहरा ख़याल ऐसा हमज़ाद था ज़ियादा

परवान क्यूँ न चढ़ता तालीम-ए-इश्क़ हम पर
पत्थर तिरी गली का उस्ताद था ज़ियादा

अब तक महक रहा हूँ यादों की चादरों में
गुज़रा हुआ वो कल भी आबाद था ज़ियादा

आशिक़ सा इक परिन्दा सबसे ही था अलग जो
रहकर वो क़ैद में भी आज़ाद था ज़ियादा

जिस ने चखा उसी ने भरपूर ही सराहा
मेरी वफ़ा में ऐसा इक स्वाद था ज़ियादा

83

यूँ फ़रेबी मुझे साज़िशें घेर लें
गुल ज़रा क्या खिलें ख़ुशबुऐं घेर लें

आँख पाती है बस इक झलक आपकी
तेरे रुख़सार को रंगतें घेर लें

आज यादों से बचकर निकल आए हैं
ये न हो कि हमें फ़ुरसतें घेर लें

आगे वाले तो बचकर निकल जाएँगे
पीछे वालों को सब ठोकरें घेर लें

तू मिले न मिले बस दिखे तो सही
कम से कम कुछ हमें चाहतें घेर लें

ज़िन्दगी की पहेली को सुलझाइये
इसके पहले सभी उलझनें घेर लें

माँ दुआऐं पढ़ेगी वहाँ देस में
मुझको परदेस में राहतें घेर लें

ये भरी हो तो आसान है सब यहाँ
जेब ख़ाली हो तो मुश्किलें घेर लें

## 84

मुझे तेरे ग़म की हवा न लगी
मगर इस दफ़ा तू खफ़ा न लगी

नज़र तो लगी है हमारी तुम्हें
ये अफ़सोस है बददुआ न लगी

हुआ इश्क़ का तेरे बीमार जो
उसे फिर कोई भी दवा न लगी

रहूँ जो मैं नाराज़ तो किसलिए
ख़ता तेरी कोई ख़ता न लगी

ये कैसा मुकद्दर है ता उम्र ही
लगी आह मुझको दुआ न लगी

वो ऐसे गया मुझसे मुँह मोड़ कर
मुझे उसकी कोई अदा न लगी

यहाँ से परे इक जहाँ और है
क़ज़ा इसलिए भी क़ज़ा न लगी

## 85

रूठ कर मुझसे किनारा कर लिया
उसने क्यूँ ऐसा दुबारा कर लिया

पास वालों से रही नाराज़गी
दूर वालों को गवारा कर लिया

दो कदम भी न चला वो इश्क़ में
क्या पता क्या इस्तिख़ारा कर लिया

जिस तरह देखा है उसने बज़्म में
पूछ मत कि क्या इशारा कर लिया

ये ज़मीं पाँवों में कर ली और फिर
आँख में मैंने सितारा कर लिया

## 86

यहां किस तरह कौन जीता है प्यारे
सभी का ये अपना तरीका है प्यारे

बड़ी फ़ाक़ा-मस्ती से अपनी कटी है
शहंशाही ये ही सलीका है प्यारे

हमारी फ़क़ीरी की पूछो न हमसे
ये धरती हमारा ग़लीचा है प्यारे

ये धरती, ये सूरज, ये ख़ुशबू, ये पानी
यही तो हमारा ख़ज़ाना है प्यारे

तुम्हें जान पड़ता है पागल सा जो भी
वही इस जहाँ का ख़लीफ़ा है प्यारे

## 87

मेरे जीवन का बस ये सरमाया है
तुझमें मेरा ही अक्स उतर आया है

मैं अपने हाथों को चूमा करता हूँ
तुमको अपनी रेखाओं में पाया है

फूल कई खिल जाते हैं मेरे दिल में
प्यार से जब भी देखके तू मुस्काया है

अब तो शायद नींद नहीं खुल पाएगी
ख़्वाब जो प्यारा-सा आँखों में आया है

हरदम बदमाशी करते रहने वाले
तेरी हर ख़ामोशी ने चौंकाया है

एक शरारत याद तिरी आई है जब
अल्हड़ मस्ती का फिर लम्हा आया है

साथ हैं तेरे माँ की नर्म दुआएँ भी
और पिता का तेरे सर पर साया है

## 88

नींद नहीं आती है जब जलता हूँ मैं
दीप न ही बाती है जब जलता हूँ मैं

रोज़ दहकती रहती है चश्मे शब भी
रात गुज़र जाती है जब जलता हूँ मैं

दिल की आग का उससे कैसा रिश्ता है
याद वही आती है जब जलता हूँ मैं

इस ज़ालिम बारिश का ऐसे में आना
लपटें भड़काती है जब जलता हूँ मैं

सबको रंज-ओ-ग़म है फिर भी क्यूँ दुनिया
ख़ूब मज़ा पाती है जब जलता हूँ मैं

## 89

इश्क़ में उस हौसले तक आ गए
हम ग़ज़ल के सिलसिले तक आ गए

किस क़दर थीं आपसे नज़दीकियां
आज कितने फ़ासले तक आ गए

उनके हाथों से बहुत मैं दूर था
कैसे वो मेरे गले तक आ गए

देखिए बैठे बिठाए दोस्तों
आज हम किस मामले तक आ गए

दूर रहते थे कभी जो इश्क़ से
वो भी इसके सिलसिले तक आ गए

## 90

तुमसे मिलकर अपनी सारी सुध-बुध खो बैठा हूँ मैं
जाने कितने अरसे से तेरे भीतर खोया हूँ मैं

अब कोई आवाज़ न देना मुझको, मैं न जागूँगा
कुछ प्यारे सपनों की चादर ताने यूँ सोया हूँ मैं

उसके ख़त की ख़ुशबू ही है यार मिरे इन हाथों में
पहले ही लफ़्ज़ों को अश्क़ों से धोकर बैठा हूँ मैं

तू कहता है तो चल मिलकर और थोड़ा रो लेते हैं
यूँ तो अपने हिस्से का पहले ही रो लेता हूँ मैं

ध्यान में अक्सर मून्द लेता हूँ जब अपनी इन आँखों को
अपने भीतर कितने सुन्दर मंज़र को पाता हूँ मैं

## 91

ज़िन्दगी किस पे ये गुज़ार दी
मैंने ये बात ही बिसार दी

ये सफ़र हो गया जहाँ कठिन
हमने गठरी वहीं उतार दी

मैं भी खाता रहा हूँ हर दफ़ा
चोट उसने भी बार-बार दी

ग़म की कुछ तो नगद ख़रीद थी
और कुछ प्यार ने उधार दी

आपकी एक बेवफ़ाई ने
दुनियादारी मिरी सुधार दी

## 92

भूल बैठा हूँ तुम्हें, ऐसा नहीं
मुद्दतों से ख़ुद को ही सोचा नहीं

इक मुसाफ़िर की तरह दिल है मिरा
जो किसी के वास्ते रुकता नहीं

सूफ़ियों का सिलसिला हूँ, इसलिए
फ़र्क़ पत्थर-फूल में देखा नहीं

उस सफ़ीने की कहानी क्या सुनें
जो समंदर में कभी उतरा नहीं

दर्द अपना बाँट दूँ आख़िर किसे
दूसरा तो कोई भी ऐसा नहीं

आँधियों की आज़माइश ख़ूब है
ये चराग-ए-शब मगर बुझता नहीं

एक है मुझमें ऋषि कहता है जो
मौन से बढ़कर मज़ा पाया नहीं

93

मुझको तो दोस्तों यही दौलत ही चाहिए
उल्फ़त का परस्तार हूँ उल्फ़त ही चाहिए

इस बार तू बदल नहीं सकता मिरी रज़ा
मेरा फ़ितूर है तेरी क़ुरबत ही चाहिए

बरबादियाँ तलाशता फिरता है आजकल
उसको सुकून तो नहीं वहशत ही चाहिए

मुझको कभी नहीं मिला क़िस्मत से आसरा
मेरा नसीब है मुझे मेहनत ही चाहिए

मैं बदहवास हूँ बहुत अपनी ही क़ैद में
इस ज़िंदगी से अब मुझे राहत ही चाहिए

## 94

जलाये थे जिनकी डगर में दिये
अंधेरा हैं हम आज उनके लिये

जिन्हें हर घड़ी सोचते थे कभी
बहुत दिन हुए याद उनको किये

तिरा नाम लिखता हूँ दीवार पर
क्यूँ गुमनाम रहकर भला तू जिये

मिरे आँसुओं की कहानी सुनो
अभी मैं हूँ अपने लबों को सिये

सरेराह जिसने पुकारा हमें
उसी की तरफ़ प्यार से चल दिये

ज़रा देखिए क्या फ़िज़ा का है हाल
हवाओं को भी ताज़गी चाहिये

सितारों की ख़्वाहिश तो सुनिए ज़रा
उफ़क़ आफ़ताबों भरा चाहिये

## 95

मैं तन्हा था, मुझे ये दिल कहाँ पे ले के आया है
जहाँ से वापसी में साथ कोई और चलता है

वो शहरों की तरह रौशन हुआ सबके नज़ारों में
मगर अपनी निगाहों में तो वो इक गाँव जैसा है

कोई जब प्यार से भर जाएगा, तब जान पाएगा
ये ख़ालीपन, ये सूनापन क्यूँ इस दिल में सजाया है

बिछड़ना भी उसे मंज़ूर है इस बदहवासी में
न चाहोगे किसी को और वो ये शर्त रखता है

मैं अश्क़ों से बयाँ करता रहा हूँ दास्तानों को
मगर इससे ज़्यादा भी किसी की कौन सुनता है

अलावा ख़ुद के हम दोनों को कोई भी नहीं जँचता
ये है वो मर्ज़ जो हमने मुहब्बत में कमाया है

हर इक दरिया ने पूछा है समंदर से अकेले में
कि जब तू ख़ुद समंदर है, हमें क्यूँ साथ रखता है

## 96

उड़ती हुई चमकती कंदील देखता है
यानी उदास चरखा बस ढील देखता है

सच है कि रास्तों की अब है पड़ाव मंज़िल
हारा-थका मुसाफ़िर बस मील देखता है

दीवार की तरह दिल यूँ चाक हो गया कि
तस्वीर के अलावा वो कील देखता है

उसकी शराफ़तें भी मैं ख़ूब जानता हूँ
किस किस तरह की अक्सर वो रील देखता है

बच्चे बिगड़ गए तो होकर दुखी बेचारा
बच्चों को दी हुईं वो हर ढील देखता है

मैं इस तरह से तेरी तस्वीर देखता हूँ
जैसे कि कोई प्यासा इक झील देखता है

## 97

इक सिवा तेरे तो सोचा ही नहीं
तू जुदा होकर भी बिछड़ा ही नहीं

वो ग़ज़ल के शे'र समझा ही नहीं
यानी दिल की बात जाना ही नहीं

हँसते-हँसते रो पड़ा मैं ज़ार-ज़ार
कोई मुझ-सा दिल का मारा ही नहीं

जैसे तैसे रात कट जाती है यार
दिन मगर हमसे गुज़रता ही नहीं

हाँ कि रुसवा भी करेगा प्यार को
वो करेगा क़त्ल इतना ही नहीं

वो तो मुझको देखता है हर घड़ी
और मैंने उसको देखा ही नहीं

## 98

गुल को ख़ुशबू से ख़लल होता है यार
इस तरह भी आजकल होता है यार

ज़िन्दगी थोड़ी कठिन सी है मगर
प्यार थोड़ा सा सरल होता है यार

नासमझ बिल्कुल नहीं ये जानता
आज का अंजाम कल होता है यार

हम सभी को ये समझना होगा ही
पेड का साया भी फल होता है यार

लाख झूठे हैं मगर ख़्वाबों में भी
ज़िन्दगी का इक दख़ल होता है यार

इक उम्र के बाद ये लगता है कि
ख़ूबसूरत हरेक पल होता है यार

सेहतों के पाठ पढ़ लेने के बाद
देखिए! कितना अमल होता है यार

## 99

ये तो वो ही जाने कि फिर वो क्या कर जाता
बिन बतलाये जो मैं इक दिन उसके घर जाता

बस तेरे ही कूचे का है रस्ता याद मुझे
एक सिवा तेरे दर के मैं किसके दर जाता

उसके लिए मैं रो-रो कर भी ज़िंदा हूँ वरना
मेरे मरने का इल्ज़ाम उसी के सर जाता

कितनी ही बातें हम जैसे भीतर रखते हैं
वरना सब नदियाँ बह जातीं सागर भर जाता

समझ सको तो समझो ये सीधी-साधी बातें
पीता न सुकरात ज़हर तो सच में मर जाता

## 100

मेरी जैसी कोई आदत चाहती है
शायराना-सी वो फ़ितरत चाहती है

ढूंढ़ती थी जो मुहब्बत रात-ओ-दिन
क्यूँ वो लड़की आज नफ़रत चाहती है

दूर होकर वो ख़ुद ही से आज यारो
क्यूँ ज़माने भर की फ़ुरसत चाहती है

जीतकर भी है बहुत नाख़ुश वो ख़ुद से
हार जाने की भी हिम्मत चाहती है

दिल से भोली-सी नासमझ एक लड़की
जो समझदारों की सोहबत चाहती है

इक महल की दौलतें ठुकरा के सारी
हम फ़क़ीरों-सी वो ने'मत चाहती है

## 101

आपके दीदार का भी हक़ नहीं
क्या मुझे अब प्यार का भी हक़ नहीं

मिल न पाएँ हम मगर तो क्या हमें
इंतज़ार-ए-यार का भी हक़ नहीं

थाम ले तस्वीर तेरी प्यार से
इस पे क्या दीवार का भी हक़ नहीं

मैं मुस्वविर हूँ तिरी तस्वीर का
क्या मुझे दीदार का भी हक़ नहीं

मैं तिरे बारे में सोचूँ और लिक्खूँ
क्या तिरे बीमार का भी हक़ नहीं

कर दिया है आजकल उसने ब्लॉक
क्या मुझे इज़हार का भी हक़ नहीं

## 102

तुमको बुरा कहूँ तो ये दुनिया भला कहे
कैसे शराब को ही शराबी बुरा कहे

तुमने हज़ारों बार मुहब्बत जताई है
मैं मान जाऊंगा मगर ये दूसरा कहे

ज़िन्दा मेरी वफ़ा से ये पत्थर हैं पूछ लो
किसकी मजाल है कि जो उनको मरा कहे

बस देखती हो दूर से इक दिन बुलाओ भी
फिर दिल हमारा आपको भी दिलरुबा कहे

बिजली के पोल-सा खड़ा है दूर दुःख वहाँ
मैं ख़ुश हूँ मुझको तार से कोई जुड़ा कहे

पल भर में सुलझ जाएँगी ये गुत्थियाँ सभी
उलझा हुआ भी ख़ुद को न उलझा हुआ कहे

## 103

हमारी अधूरी कहानी बची है
मगर उसमें अब भी जवानी बची है

नहीं है ख़बर कुछ हमें अपने दिल की
बदन में बहुत मेज़बानी बची है

गुज़रने को हैं यार अब सारे मौसम
घड़ी-दो घड़ी की जवानी बची है

तिरा ग़म है दिल में, लबों पे है साग़र
यही एक तेरी निशानी बची है

बहुत आग है इन दहकते लबों में
कहीं तो लहू की रवानी बची है

## 104

तुम्हें इस तरह माँगना चाहता हूँ
मैं बीमार हूँ, बस दवा चाहता हूँ

मेरी नब्ज़ पकड़ो मेरा दिल न देखो
मैं चालाक हूँ फ़ायदा चाहता हूँ

मिरे जिस्म में अब घुटन हो रही है
कहीं और ताज़ी हवा चाहता हूँ

हिक़ारत से मेरी तरफ़ यूँ न देखो
मैं दीवानगी की सज़ा चाहता हूँ

जो सौगात तूने मिरे दिल को दी है
मिरे दर्द का मैं मज़ा चाहता हूँ

यही सोचकर दर-ब-दर ख़ाक छानी
कि दुनिया समझ ले मैं क्या चाहता हूँ

मिरी बंद मुट्ठी में दुनिया है लेकिन
फ़क़ीरों की अब मैं दुआ चाहता हूँ

मिरे हाथ में आ गिरे कोई सिक्का
कुछ ऐसी मैं तेरी अता चाहता हूँ

## 105

सुनेगा नहीं जो कहा भी तो क्या है
ये उसके लिए मामला भी तो क्या है

नज़र आ रहे हैं जो पाँवों के छाले
रहे इश्क़ में तो सज़ा भी तो क्या है

अभी दूर है इस मुहब्बत की मंज़िल
क़दम दो क़दम तू चला भी तो क्या है

यही तो ज़माने की रंगीनियाँ हैं
किसी एक से दिल भरा भी तो क्या है

वो ग़ैरों की बाहों में ख़ुश हैं कहीं पर
ये मैंने सुना है, सुना भी तो क्या है

ज़रा-सा जो अपने लिए जी लिया हूँ
हुई है जो मुझसे ख़ता भी तो क्या है

106

हो नहीं सकता किसी को वो ख़ुदा रस्ता न दे
है मगर मुमकिन किसी को धूप दे साया न दे

दोस्तों को ख़ूब मैंने आज़माया है मगर
अब ये कहता हूँ कि दुश्मन भी मुझे हल्का न दे

उसकी फ़ितरत से भी वाक़िफ़ मैं रहा हूँ उम्र भर
ये तो मुमकिन ही नहीं वो वक़्त पर धोका न दे

वो शजर आगे हमें फल तो नहीं दे पाएगा
ये नहीं होगा मगर कि वो हमें साया न दे

धूप दे कि छाँव दे, तू सब हमें मंज़ूर है
बेटियों वाले घरों में बस कभी फ़ाका न दे

इस दफ़ा जंगल में शायद वो बचे रह जाएंगे
हर तरफ़ से फिर शिकारी घेरकर हाँका न दे

## 107

ग़ज़लों का मेरी सबको दीवान मिल गया है
दुनिया को इश्क़ का यूँ सुल्तान मिल गया है

मंज़िल को कैसे पाता मुश्किल भरी डगर थी
तुम मिल गए तो रास्ता आसान मिल गया है

क़िस्से शराब महफ़िल यारी भी शायरी भी
करने को रात रंगीं सामान मिल गया है

पागल मुझे कहे कि कोई कहे दिवाना
मुझको तो इश्क़ का ये उनवान मिल गया है

हमराह रोशनी है जाऊँ कहीं भी मैं अब
तेरी नज़र से ऐसा इक दान मिल गया है

108

चाँद हूं मैं तू कहे तो कुछ सँवर आऊँ
चाँदनी के साथ थोड़ा मैं ठहर आऊँ

इस क़ैद में क्या ख़ाक देखोगे मिरी परवाज़
तू ज़रा पिंजरा हटा उड़ता नज़र आऊँ

ज़िन्दगी गुज़री है ऐसी कश्मकश में ख़ूब
मैं उधर को जाऊँ या फिर मैं इधर आऊँ

तू मुझे क्या ढूंढता है ऐ हसीं क़ातिल
तू कहे तो सर कटाने तेरे दर आऊँ

सोचता हूँ काश कोई अजनबी बनकर
बिन बताये मैं कभी तेरे नगर आऊँ

## 109

मुहब्बत में बिना डूबे जुदाई चाहता है वो
गिरफ़्तारी बिना अपनी रिहाई चाहता है वो

अभी तो बरहना-सी ख़्वाहिशों के दिन नहीं आए
नई दुल्हन-सी रातों की विदाई चाहता है वो

कमाए चार पैसे भी मुहब्बत के नहीं जिसने
मिरी कुल ज़िन्दगी भर की कमाई चाहता है वो

कोई इल्ज़ाम उस पर लग न पाए बस इसी कारन
मिरे-से इश्क़ में भी बेवफ़ाई चाहता है वो

ग़ज़ब ये है कि जिसको साफ़ दिखना भी रहा मुश्किल
सभी जिस्मों के भीतर तक रसाई चाहता है वो

## 110

कुछ ऐसी ख़्वाहिशों से कायनातें हम बनाते हैं
मुझे कुछ चाँद लेने हैं उसे सूरज बुलाने हैं

उजालों में कभी अपने उमड़ते ही नहीं जज़्बात
कुछ ऐसे भी परिन्दे हैं जो रातों को निकलते हैं

कोई आबाद जंगल है मिरी बरबाद आँखों में
यहाँ बे-बूझ दरिया है कि डूबो तो उबरते हैं

लो करते हैं मकाँ ख़ाली रखो असबाब-ए-अश्कों को
तू ही मालिक रहा इनका, तुझे ही सौंप देने हैं

कुछ इस कारन से ही उस बेवफ़ा का हुस्न रौशन है
मिरी बुझती हुई आँखों में उसके ख़्वाब जलते हैं

किसी सूखी नदी से बेरुख़ी से पेश न आना
कभी पत्थर तले झरने अचानक फूट जाते हैं

## 111

सज़ा उनके ही तबक़े में नहीं होनी थी
ग़रीबी एक हिस्से में नहीं होनी थी

कहा ये मरते हुए राही ने सूखे पेड़ से
ये धूप तिरे भी साए में नहीं होनी थी

मुझे लगता है कि इस नौकरी के पिंजरे में
ये ज़िंदगी तो पेशे में नहीं होनी थी

मुझे क्यूँ सूफ़ियों की टोलियाँ लेकर गईं
ये ने'मत मेरे सपने में नहीं होनी थी

लबों पे मुस्कुराहटें और दिल में धोका
ये चालबाज़ी तो रिश्ते में नहीं होनी थी

## 112

कोशिश जारी तो है
और तैयारी तो है

मेरी ग़म से कोई
रिश्तेदारी तो है

वो इक हारा आशिक़
सब पर भारी तो है

इक न इक दिन, यारो
सबकी बारी तो है

जीवन और मरण में
पक्की यारी तो है

कुछ भी बोलो लेकिन
दुनिया प्यारी तो है

दिखता हूँ मैं भोला
ये अय्यारी तो है

## 113

चाँद-सितारों का इक रस्ता जबसे खोया है
हर ख़्वाहिश के दिल में हमने सूरज बोया है

हर बारिश के बाद उड़ेगी मिट्टी से ख़ुशबू
महका-सा जो शख़्स गया है, शायद रोया है

आख़िर हमको क्यूँ कोरा ख़त कोई लिखेगा
शायद लिखने वाले ने ही इसको धोया है

ख़बर नहीं अपनी ही मुझको, इतना तन्हा हूँ
साथ मिरे फिर भी लगता है कोई गोया है

अब तेरी आवाज़ से भी तो जाग न पाएगा
इतनी गहरी नींद में इक दीवाना सोया है

## 114

कई दिनों से फ़ोन ही नहीं उठा रहा है वो
न जाने क्यूँ तमाम दूरियाँ जता रहा है वो

बिना कहे, बिना सुने, चला गया ये क्या हुआ
बदलते मौसमों का फ़ायदा उठा रहा है वो

अगर कोई नज़र मिला के बात भी न कर सके
यक़ीन मानिए के कुछ न कुछ छुपा रहा है वो

उसी की तरह मैं भी ग़म के सहरा में हुआ हूँ गुम
मिरी तरह ही ख़ुद की ज़िंदगी मिटा रहा है वो

कई सवाल ज़ेहन-ओ-दिल में उठ रहे हैं, क्या कहूँ
कि जिस तरह से आजकल नज़र मिला रहा है वो

## 115

जिस दिन भी मेरी तुमसे बात नहीं होती है
लगता है कि दिन की शुरुआत नहीं होती है

उसकी सूखी आँखों से ये इल्म हुआ है अब
हर इक मौसम में ये बरसात नहीं होती है

रोज़ मिला करता है मुझसे वो यार पुराना
लेकिन बचपन जैसी वो बात नहीं होती है

इक दीवार खड़ी हो जाती है दिल के बीच
उससे मिलकर भी तो मुलाक़ात नहीं होती है

मेरे पास तो बंगला कोठी सबकुछ है लेकिन
इन सबमें वो आंगन वाली बात नहीं होती है

जाने मेरी बाज़ी में क्यूँ होता है ऐसा
शह तो मैं देता हूँ, लेकिन मात नहीं होती है

## 116

इक दरिया, दो पतवारें थीं, एक सौ सोलह चाँद की रातें
हमने तुमने मिलकर काटीं, एक सौ सोलह चाँद की रातें

तुम भी चुप थे, मैं भी चुप था, प्यार की बातें कौन सुनेगा
हम दोनों से कुछ कहती थीं, एक सौ सोलह चाँद की रातें

नील बदन पर चढ़ता दरिया, आग लगाए आँख में लेकिन,
झिलमिल झिलमिल देख रहीं थीं, एक सौ सोलह चाँद की रातें

दूर किनारे से उठती धुन, आह भरी इक तान पुरानी
कान लगा कर सब सुनती थीं एक सौ सोलह चाँद की रातें

दरिया जितना नाव के नीचे और हमारी आँख में उतना
दो दरियों के साथ चली थीं, एक सौ सोलह चाँद की रातें

कश्ती दरिया छूट गया फिर, आँखें धुंधली हो गईं अपनी
हमको कितना तड़पाती थीं, एक सौ सोलह चाँद की रातें

मैं अपनी नज़्मों-ग़ज़लों में तस्वीर बनाता हूँ उनकी
मेरी तेरे साथ जो गुज़रीं, एक सौ सोलह चाँद की रातें